AF234948

Impressum
Verlag: BABADADA GmbH, Nedderfeld 112 , 22529 Hamburg
Geschäftsführer / Verlagsleitung: Harald Hof
Druck: Books on Demand GmbH, In de Tarpen 42, 22848 Norderstedt

Imprint
Publisher: BABADADA GmbH, Nedderfeld 112 , 22529 Hamburg, Germany
Managing Director / Publishing direction: Harald Hof
Print: Books on Demand GmbH, In de Tarpen 42, 22848 Norderstedt

duɗal

學校

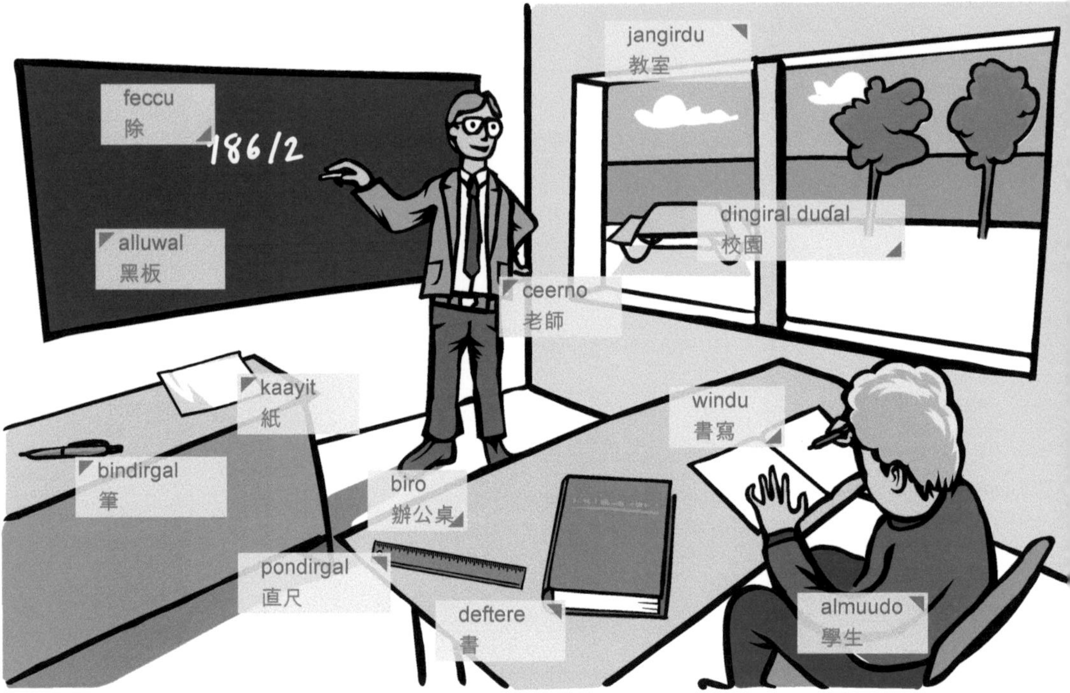
jangirdu
教室
feccu
除
186/2
alluwal
黑板
dingiral duɗal
校園
ceerno
老師
kaayit
紙
windu
書寫
bindirgal
筆
biro
辦公桌
pondirgal
直尺
deftere
書
almuudo
學生

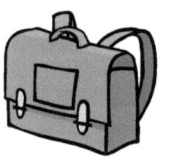

sakosel

書包

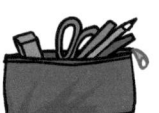

suudu kuɗol

鉛筆盒

kuɗol

鉛筆

ceeɓnoowo kuɗol

削鉛筆機

momtirgal

橡皮擦

nokku diidirɗo

畫板

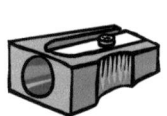

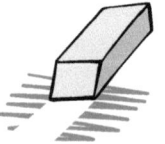

diidgol

圖畫

diidirgal

畫筆

suudu diidordu

顏料盒

sisooje

剪刀

kol

膠水

deftere softinorde

練習冊

coftinogol

家庭作業

tongoode

數字

beydu

加

ustu

減

hebbin

乘

lim

計算

bataake

字母

hijju

字母表

kongol

字

windande

課文

jangu

讀

bindirgal

粉筆

darsu

上課

windaade

登記

ÿeewtogol

考試

ijaazi

證書

wutte jaɲirɗo

校服

jaŋde

教育

ɗowitorde mawnde

百科全書

jaaɓi haatirde

大學

mokoroskop

顯微鏡

wertaango

地圖

siwo mbalis

廢紙簍

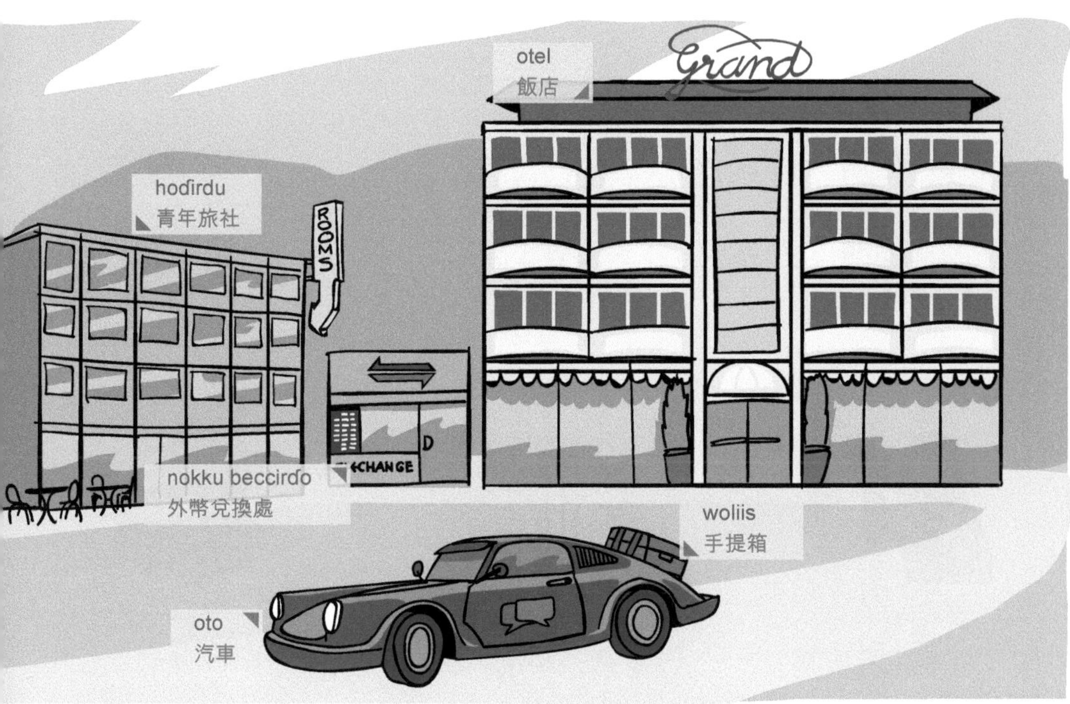
otel
飯店
Grand
hoɗirdu
青年旅社
ROOMS
nokku beccirɗo
外幣兌換處
EXCHANGE
woliis
手提箱
oto
汽車

ɗemngal
語言

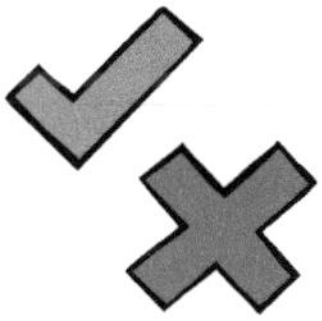

ey / ala
是/否

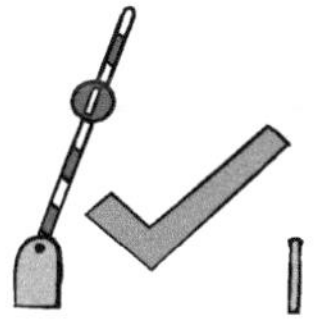

Eyyo
好的

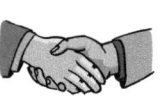

mbaɗɗa
您好

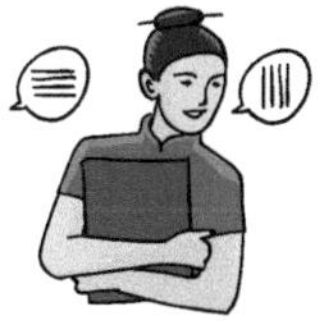

pirtoowo
翻譯人員

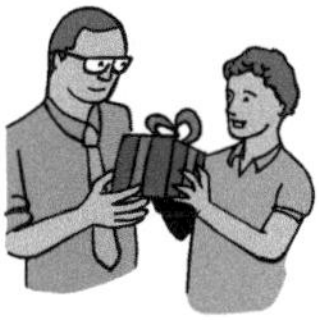

jaraama
謝謝

hono foti...?

......多少錢？

mi faamaani

我不明白

satteende

問題

jam hiiri

晚上好！

jam waali

早上好！

jam waal

晚安！

baay baay

再見

ngardiindi

方向

kaake

行李

saak

包

saak bakke

背包

koɗo

客人

suudu

房間

saak ɗaanorɗo

睡袋

taanta

帳篷

kabaaru jillotooɗo

旅行資訊

palaaz

海灘

kartal keredii

信用卡

kasitaari

早餐

bottaari

午餐

hiraande

晚餐

tikkett

票

suutde

電梯

tembere

郵票

keerol

邊界

soodooɓe

海關

ambasaat

大使館

wiisa

簽證

paaspoor

護照

yangarta
交通運送

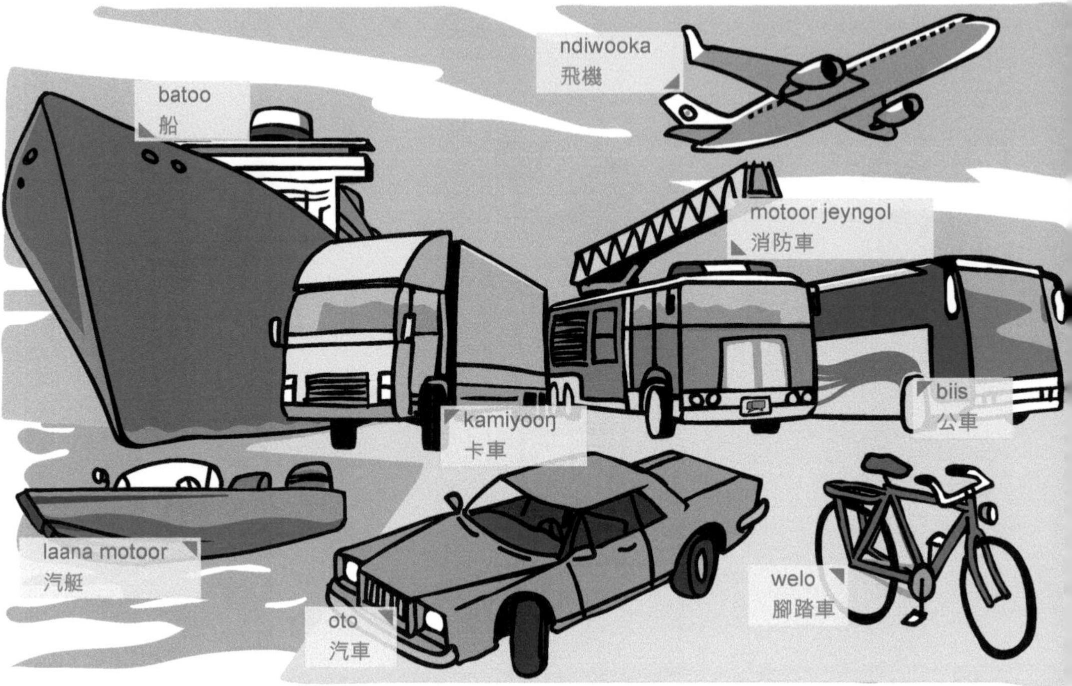

ndiwooka
飛機
batoo
船
motoor jeyngol
消防車
biis
公車
kamiyooŋ
卡車
laana motoor
汽艇
welo
腳踏車
oto
汽車

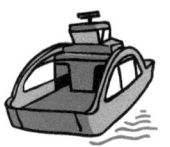

baak

渡輪

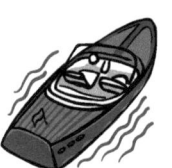

laana

小船

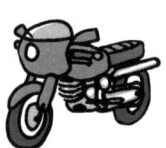

welo motoor

機車

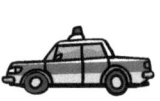

oto poliis

警車

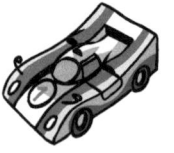

oto dandu

賽車

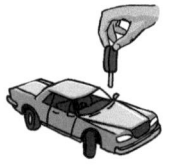

otoluwaaɗo

租車

rendude oto

拼車

leŋge

拖車

kamiyooŋ salo

垃圾車

moto

馬達

gaas

汽油

esaaseer

加油站

maantorde tali

交通標識

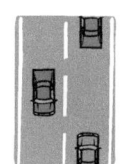

tali

交通

ɓittugol tali

交通堵塞

darnirde oto

停車場

dartorde teree

火車站

laabi

軌道

teree

火車

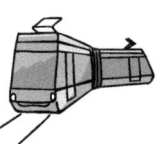

taraam

路面電車

nawgol

客車廂

elikooteer

直升機

aydapoor

機場

hubeere

塔

jahoowo

乘客

kontaneer

集裝箱

kees

紙板箱

saret

手推車

siwo

籃子

diw / tello

起飛/降落

wuro

城市

saare

村莊

hakkunde wuro

市中心

galle

房子

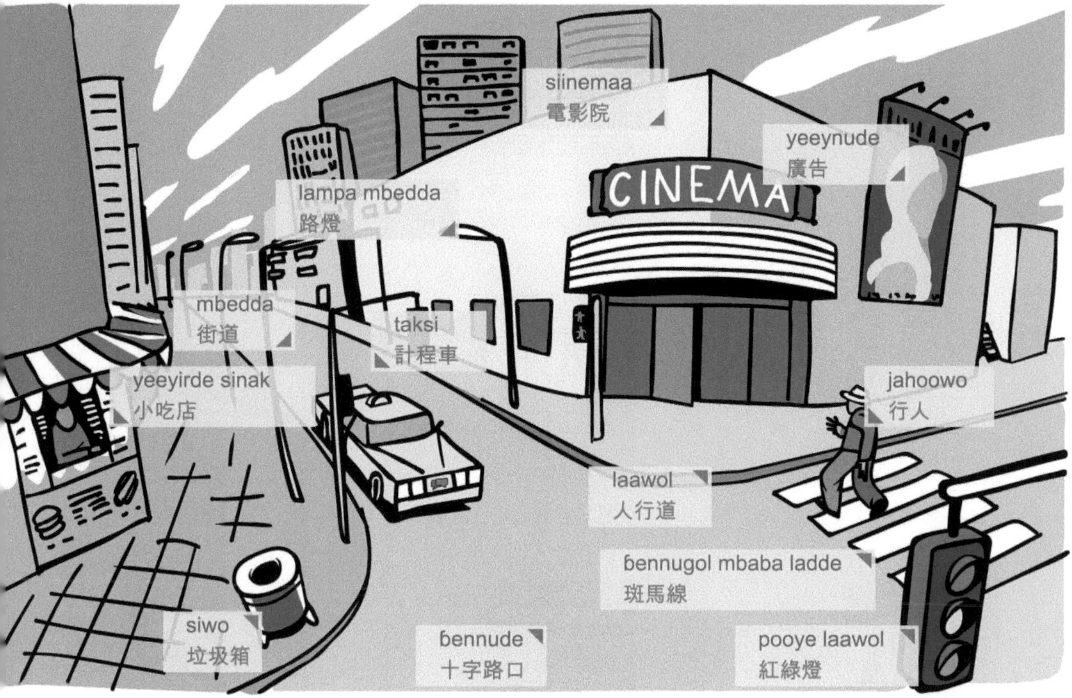

siinemaa
電影院

yeeynude
廣告

lampa mbedda
路燈

CINEMA

mbedda
街道

taksi
計程車

yeeyirde sinak
小吃店

jahoowo
行人

laawol
人行道

ɓennugol mbaba ladde
斑馬線

siwo
垃圾箱

ɓennude
十字路口

pooye laawol
紅綠燈

tiba
小屋

hoɗorde
公寓

dartorde teree
火車站

meeri
市政廳

miise
博物館

duɗal
學校

wuro - 城市   11

jaaɓi haatirde

大學

baŋke

銀行

safrirdu

醫院

otel

飯店

farmasii

藥房

gollorde

辦公室

yeeyirde defte

書店

yeeyirde

商店

mo nehoowo leɗɗe

花店

duggere

超市

jeere

市場

yeeyirde diiwaan

百貨商店

mo gawoowo

魚店

nokku njeeygu

購物中心

telloorde

海港

parka

公園

jooɗorde

長凳

pooŋ

橋

ŋabbirɗe

樓梯

les leydi

捷運

laawol les

隧道

dartorde biis

公車站

baar

酒吧

restoraaŋ

餐館

suudu posto

郵筒

maantorde mbedda

路標

meetorde parka

停車計時器

nehirde kulle

動物園

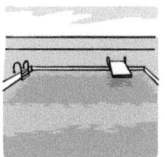

pisiin

游泳池

jumaa

清真寺

ngesa

農場

bonande

污染

genaale

墓地

ekiliis

教堂

dingiral

操場

tempele

寺廟

satto

地形

 derewol
樹葉

maantogal
指示牌

laawol
路

paraad
草地

haayre
石頭

diwoowo
徒步旅行
者

lekki
樹

caangol
河

hudo
草

baramlefol
花

fongo

峽谷

tiwaande

丘陵

weendu

湖

dundu

森林

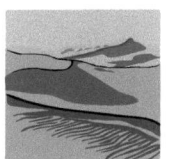

ladde

沙漠

wolkaaŋ

火山

hoɗorde

城堡

timtimol

彩虹

wiiduru gaynaako

蘑菇

lekki koko

棕櫚樹

ɓongu

蚊子

diw

蒼蠅

ñuuñu

螞蟻

ñaaku

蜜蜂

njabala

蜘蛛

karaab

甲蟲

paaɓa

青蛙

jiire

松鼠

nguru paaɓa

刺蝟

wojere

野兔

hooweere

貓頭鷹

ndiwri

鳥

kankaleewal

天鵝

fowru

野豬

lella

鹿

kooba

麋鹿

baaraas

水壩

seɗa hendu

風力發電機

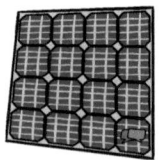

mbeɗu naange

太陽能電池板

kilimaaŋ

氣候

restoraaŋ
餐館

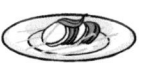

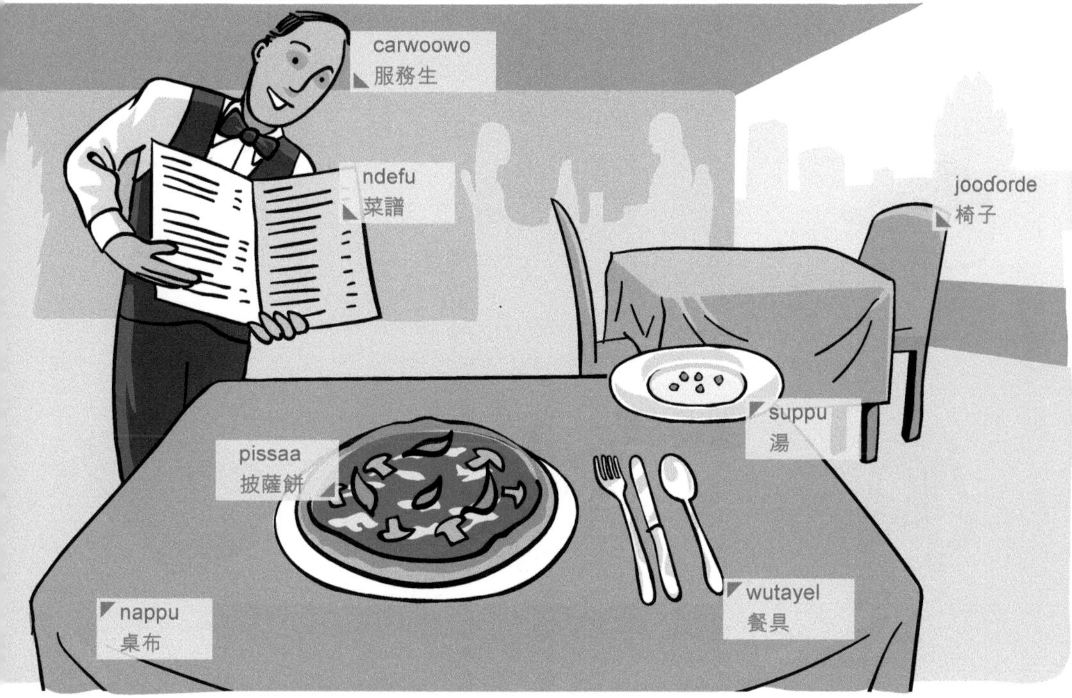
carwoowo
服務生
ndefu
菜譜
jooɗorde
椅子
suppu
湯
pissaa
披薩餅
wutayel
餐具
nappu
桌布

puɗɗorɗo
前菜

barme mawɗo
主菜

deseer
甜點

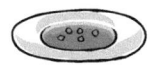

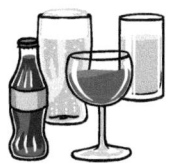

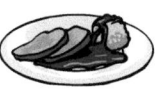

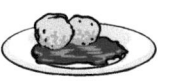

njarameeje
飲料

ñamri
食物

bitel
瓶子

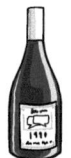

fastfuut

速食

ñaamde mbedda

街邊小吃

pot ataaya

茶壺

taasa suukara

糖盒

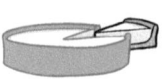

geɗal

一份飯菜

masiŋ esperesoo

義式咖啡機

jooɗorde toownde

高腳椅

faktiir

帳單

terey

托盤

paaka

刀

fursett

餐叉

kuddu

勺子

kuddu ataaya

茶匙

torsooŋ

餐巾

weer

玻璃杯

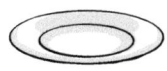

palaat

碟子

palaat suppu

湯盤

coosoowo

碟子

soos

醬

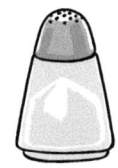

pot lamɗam

鹽瓶

poobaar

胡椒研磨罐

wineegar

醋

diwliin

食用油

kaaniije

調味料

ketsoop

番茄醬

mutaarde

芥末

maynees

美乃滋

duggere
超市

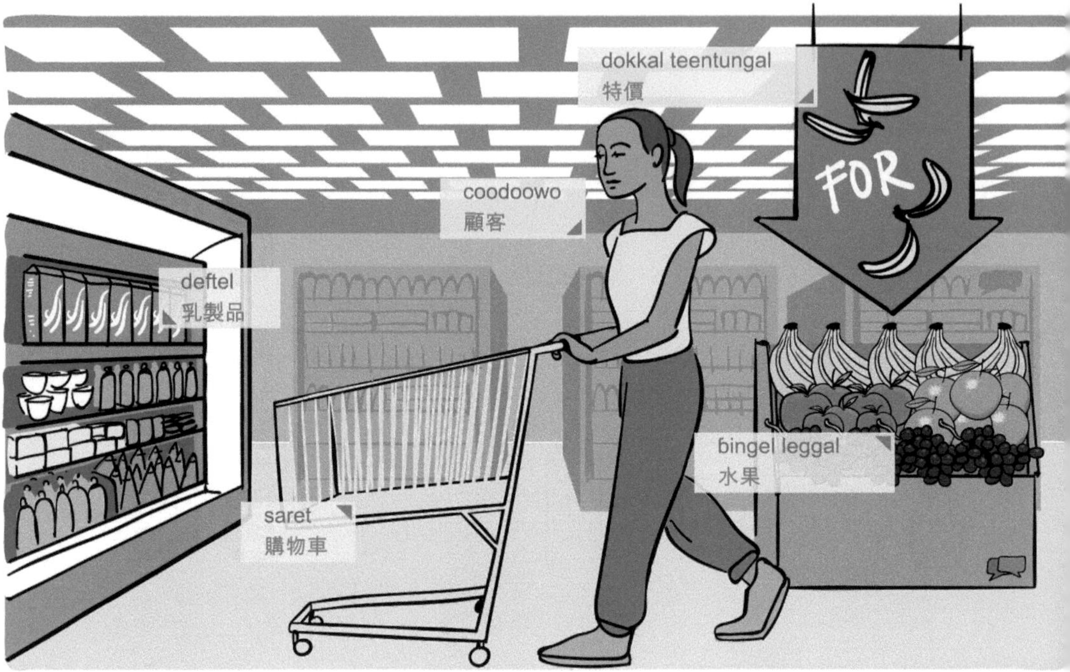

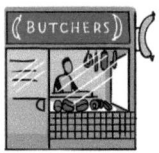

dokkal teentungal
特價
FOR
coodoowo
顧客
deftel
乳製品
ɓingel leggal
水果
saret
購物車

BUTCHERS

mo jeeyoowo teewu

肉鋪

BAKERY

mo piyoowo mburu

麵包店

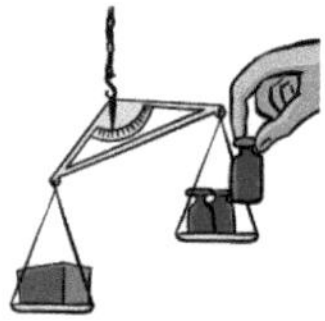

ɓett

稱重

ɓiɓe leɗɗe

蔬菜

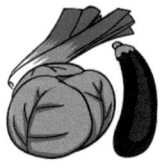

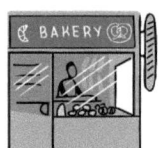

teewu

肉

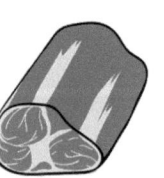

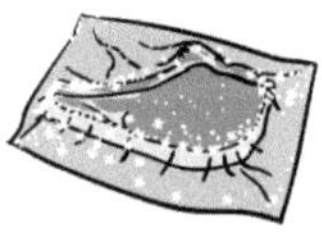

ñamri fendiindi

冷凍食品

teewu ɓuuɓngu

冷盤

ñamri

罐頭食品

omo

洗衣粉

tangaleeji

甜食

geɗe galle

日用品

geɗe laɓɓinooje

清潔用品

jeeyoowo

銷售員

hippoode

收銀機

ngaluyanke

收銀員

limo soodetee

購物清單

waktuuji gudditeeɗi

開放時間

kalbe

錢包

kartal keredii

信用卡

saak

袋子

saak dalli

塑膠袋

ndiyam

水

sii

果汁

kosam

牛奶

Koowk

可樂

sangara

紅酒

sangara

啤酒

alkol

酒

koka

可可

ataaya

茶

kafe

咖啡

esperesoo

義式濃縮咖啡

kaputsiino

卡布奇諾

banaana

香蕉

pomere

蘋果

oraaŋs

柳丁

dende

西瓜

limoŋ

檸檬

karott

胡蘿蔔

laac

大蒜

bambuu

竹子

soblere

洋蔥

wiiduru gaynako

蘑菇

gerte

堅果

kodde

麵條

espaketii

義大利麵

maaro

米飯

solaat

沙拉

sipse

薯條

padaas pasnaaďo

炸馬鈴薯

pissaa

披薩餅

amburgoor

漢堡

sandiis

三明治

tayre

炸豬排

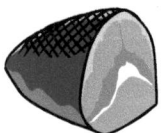

heltinde

火腿

salaami

義大利臘腸

soosiis

香腸

gertogal

雞肉

juďe

烤肉

liingu

魚

karaw

燕麥片

miyesli

木斯里

butaali makka

玉米片

cafka

麵粉

koraasaŋ

牛角麵包

loocol mburu

麵包捲

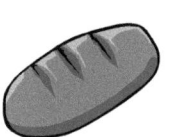

mburu

麵包

mburu

吐司

mbiskit

餅乾

boor

奶油

caakri

凝乳

ngato

蛋糕

boofoode

蛋

bofoode defaaɗo

煎蛋

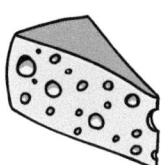

formaas

起司

kerem galaas

冰淇淋

suukara

糖

njuumri

蜂蜜

piire

果醬

soosde sokola

巧克力醬

kiri

咖哩

ngesa
農場

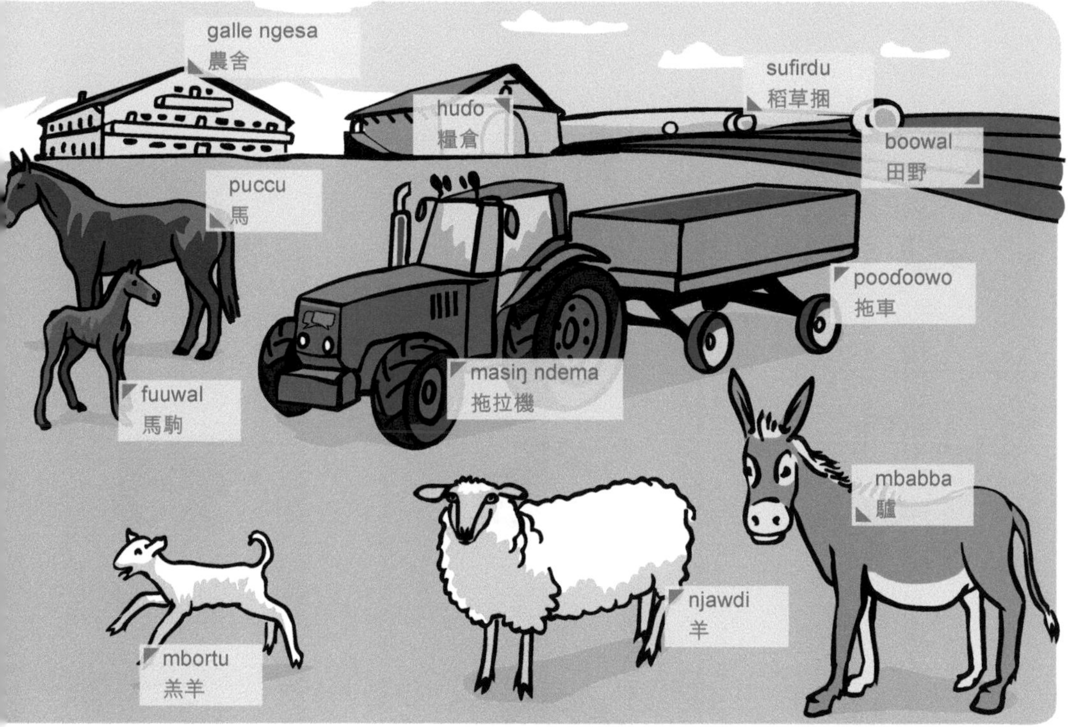
galle ngesa
農舍
hudo
糧倉
sufirdu
稻草捆
boowal
田野
puccu
馬
poodoowo
拖車
masiŋ ndema
拖拉機
fuuwal
馬駒
mbabba
驢
njawdi
羊
mbortu
羔羊

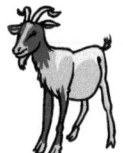

ndamndi

山羊

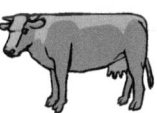

ngaari

奶牛

ñale

小牛

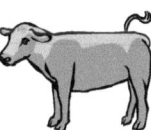

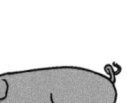

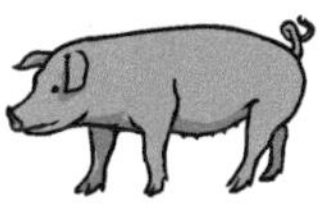

mbaba tugal

豬

ɓingel tugal

小豬

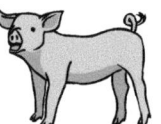

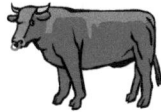

ngaari

公牛

jaawalal

鵝

jaawangal

鴨

gertogal

小雞

jarlal

母雞

ngori

公雞

doombru

鼠

ulluundu

貓

dombru

老鼠

ngaari

牛

rawaandu

狗

suudu rawaandu

狗屋

lekki werte

花園澆水軟管

bitel ndiyam

澆水壺

jalo

長柄大鐮刀

jabbude

犁

wafdu

鐮刀

caga

鋤頭

furset yettirɗo

長柄草耙

jambere

斧頭

burwett

獨輪手推車

jardugal

飼料槽

bitel kosam

牛奶罐

bonnude

麻布袋

heerorde

柵欄

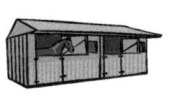

dari

馬廄

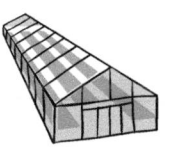

resofmaaŋ

溫室

leydi

土壤

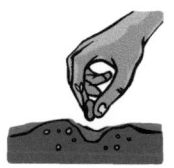

aawdi

種子

engere

肥料

rendin coñoowo

聯合收割機

soñ

收割

coñal

收割

ñambi

地瓜

ndiyamiri

小麥

soozaa

大豆

padaas

土豆

makka

玉米

aawdi adan

油菜籽

lekki ɓesnooki

果樹

kasaawa

樹薯

gawri

穀物

galle
房子

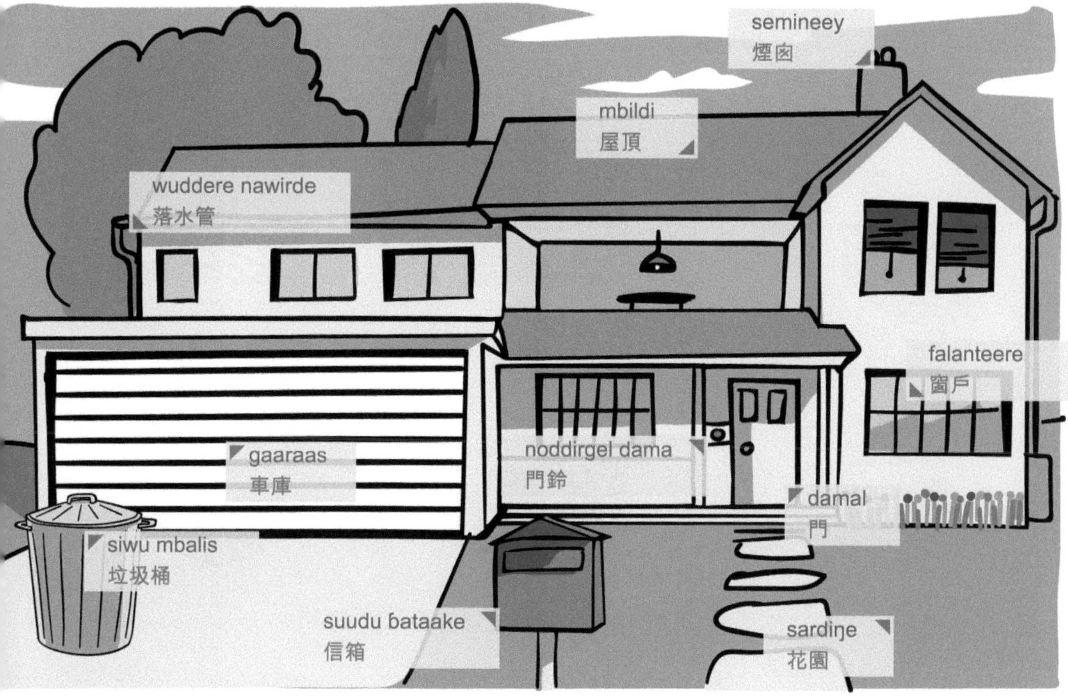
semineey
煙囪
mbildi
屋頂
wuddere nawirde
落水管
falanteere
窗戶
gaaraas
車庫
noddirgel dama
門鈴
damal
門
siwu mbalis
垃圾桶
suudu ɓataake
信箱
sardiŋe
花園

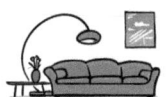

saal

客廳

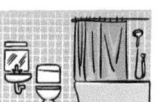

lootorde

浴室

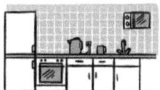

waañ

廚房

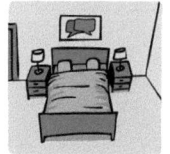

suudu lelteendu

臥室

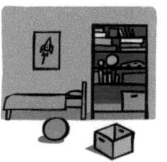

suudu suka

兒童房

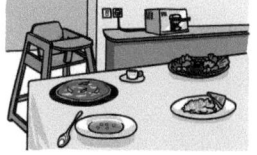

suudu hirtordu

餐廳

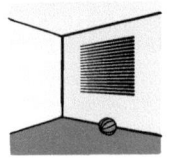

leydi

地板

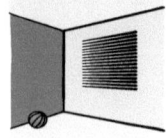

miir

牆壁

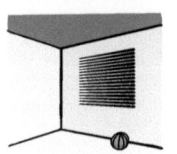

dira

天花板

masiŋel

地客

soona

三溫暖

balkooŋ

陽臺

teeraas

露臺

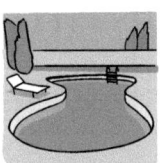

pisin

游泳池

tondoos

割草機

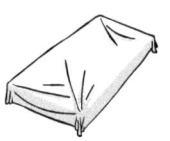

kaayit

被單

mbertanteeri

床罩

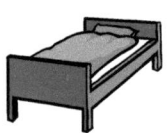

leInde

床

pittirɗe

掃帚

siwoo

水桶

waylu

開關

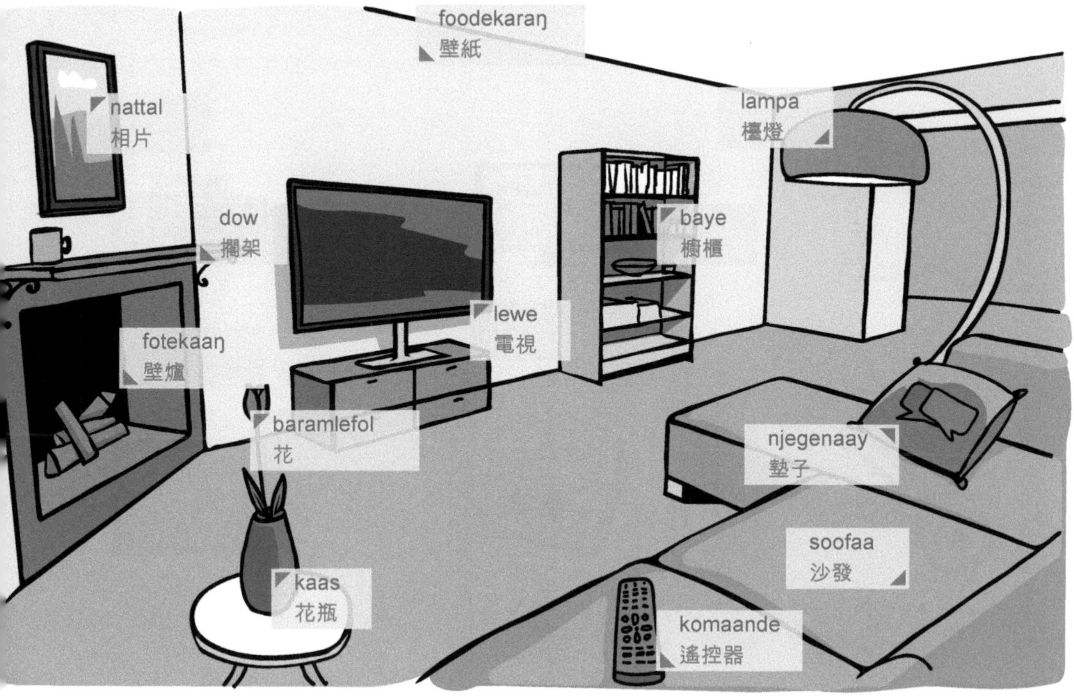

foodekaraŋ
壁紙

nattal
相片

lampa
檯燈

dow
擱架

baye
櫥櫃

lewe
電視

fotekaaŋ
壁爐

baramlefol
花

njegenaay
墊子

soofaa
沙發

kaas
花瓶

komaande
遙控器

tappi
地毯

rido
窗簾

taabal
餐桌

jooɗorde
椅子

jooɗorde timmunde
搖椅

tuggorde
扶手椅

deftere

書

suddaare

毯子

cinki

裝飾品

docotal

木柴

filmo

電影

kuutorɗe hi-fi

高傳真音響

caabi

鑰匙

jaaynde

報紙

pentiirde

油畫

posteer

海報

haalirde

收音機

deftel mooftirgel

筆記本

ŋabbude

吸塵器

siwo lekki

仙人掌

sondel

蠟燭

waañ
廚房

firigo
冰箱
defirdu mikoronde
微波爐
bacce waañ
廚房秤
baɗoowo towste
烤麵包機
labbinoowo
洗潔精
waañ
烤箱
ɓuuɓnirde
冰櫃
siwu mbalis
垃圾桶
lawÿoowo kaake
洗碗機

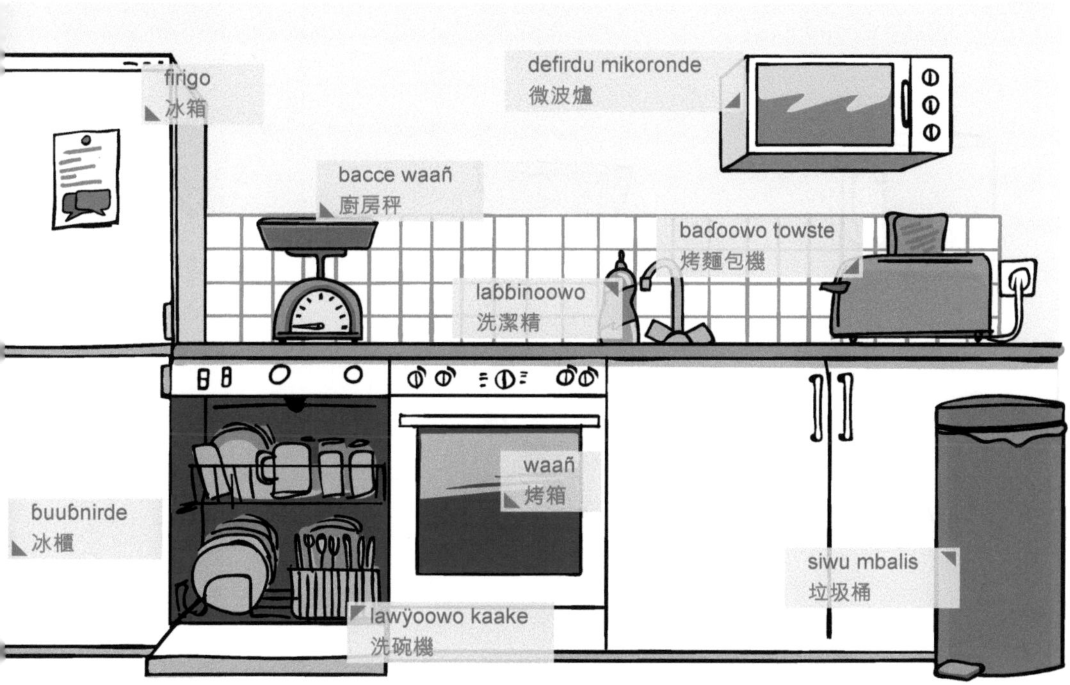

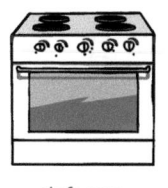

defoowo

炊具

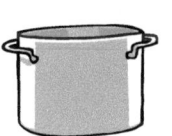

pot

鍋

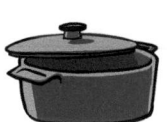

pot baɗɗo njamdi

鑄鐵鍋

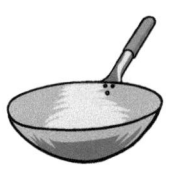

lehel

炒鍋

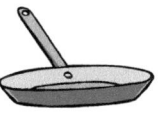

lahal

平底鍋

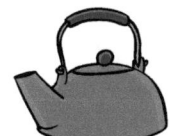

baraade

水壺

gulnoowo

蒸鍋

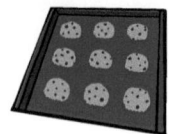

fuur cumirɗo

烤盤

wiisirde

陶瓷鍋

kaas

馬克杯

taasa

碗

bakett

筷子

heɗirde

長柄勺

kuundal

鏟子

burgal

攪拌器

gulnirɗo

濾網

pool

篩子

koosoowo

磨碎機

wowru

研缽

njuɗu

燒烤

lewlewndu

明火

alluwal tayirgal

菜板

dullirgal

擀麵杖

tenaay

開瓶器

potyel

罐子

udditirɗo potyel

開罐器

jaggoowo pot

隔熱手套

lawÿirde

水槽

borisde

刷子

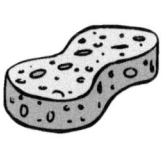

epoos

海綿

jiiɓoowo

攪拌機

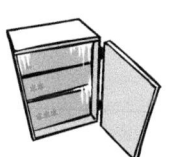

firigo juutɗo

冷藏箱

bitel tiggu

奶瓶

robine

水龍頭

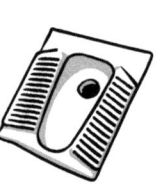

lootorde

浴室

wulnude
供暖裝置
sarbet
毛巾
ɓuftogol
淋浴
rido ɓuftorde
浴簾
sumbu lootorɗo
泡沫浴
nokku lootorɗo
浴缸
weer
玻璃杯
masiŋ guppirɗo
洗衣機
robine
水龍頭
biifi
瓷磚
woppirde
便壺
lawÿirde
水槽

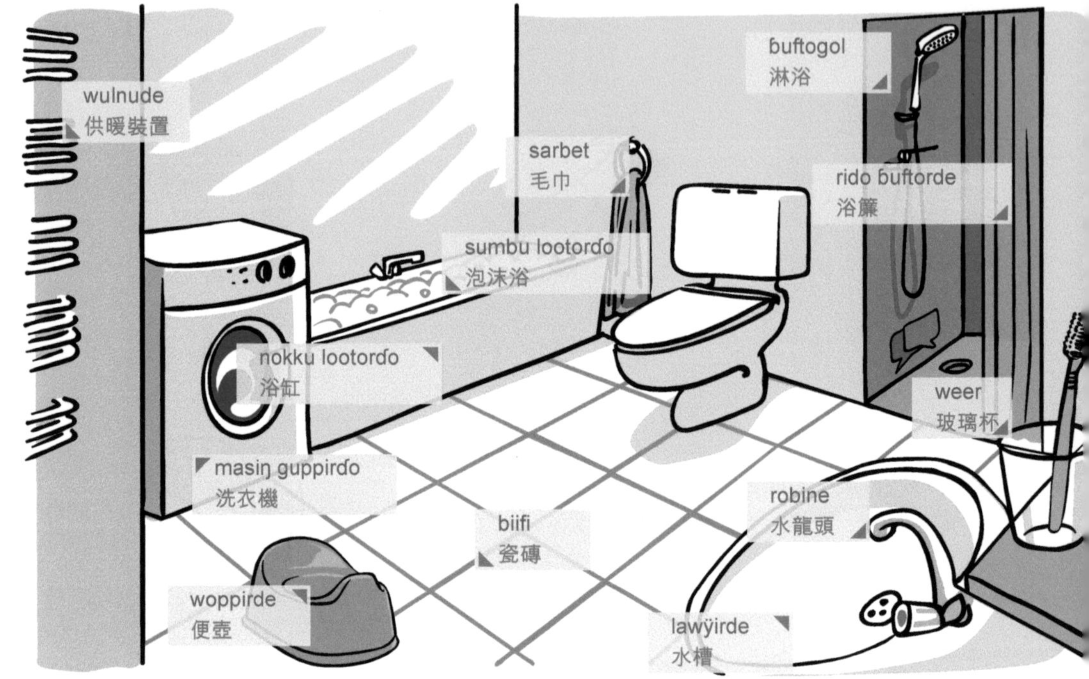

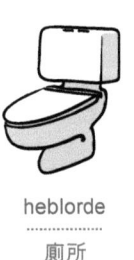

heblorde
廁所

yaltirde les
蹲便器

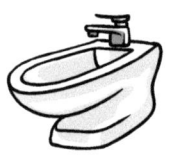

yaltirde
坐浴器

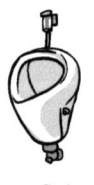

soofirde
小便斗

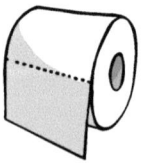

kaayit heblorde
廁紙

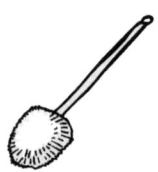

boros heblorde
馬桶刷

boros ñiiÿe

牙刷

pat cocorɗo

牙膏

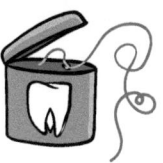

cocorgal

牙線

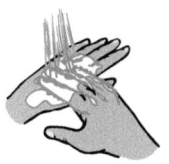

lawyu

洗

ɓuftorde jungo

手持式蓮蓬頭

jampe

沖洗器

taasa

洗臉盆

boros keeci

洗背刷

saabunde

肥皂

nebam ɓuftorde

沐浴露

sampoye

洗髮乳

lootogel

法蘭絨

yupude

排水

mileen

乳霜

lati

除臭劑

daarogal

鏡子

daarogal jungo

手鏡

rasuwaar

刮鬍刀

sumbu pemborɗo

刮鬍泡沫

lallitirde

鬚後水

koomu

梳子

boros

刷子

yoorno hoore

吹風機

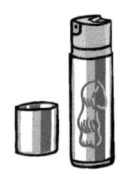

uurna hoore

噴髮定型劑

makiyaas

化妝品

lippo

唇膏

emaaye segene

指甲油

wiro

化妝棉

sisooje segene

指甲剪

parfooŋ

香水

saawdu lawyirdu

洗漱包

kuudi

凳子

bacce ɓetirde

計重秤

wutte lootorɗo

浴袍

kawaseeje dalli

橡膠手套

tampooŋ

衛生棉條

sarbet laɓɓinoorɗo

衛生棉

lootogol cellungol

化學廁所

suudu suka

兒童房

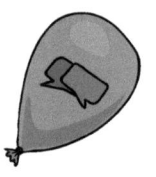

mantoor pindinoowo
鬧鐘
pijirgel ɗaatngel
毛絨玩具
oto fijirde
玩具車
rekeet
撥浪鼓
suudu puppe
玩具屋
tawa
禮物

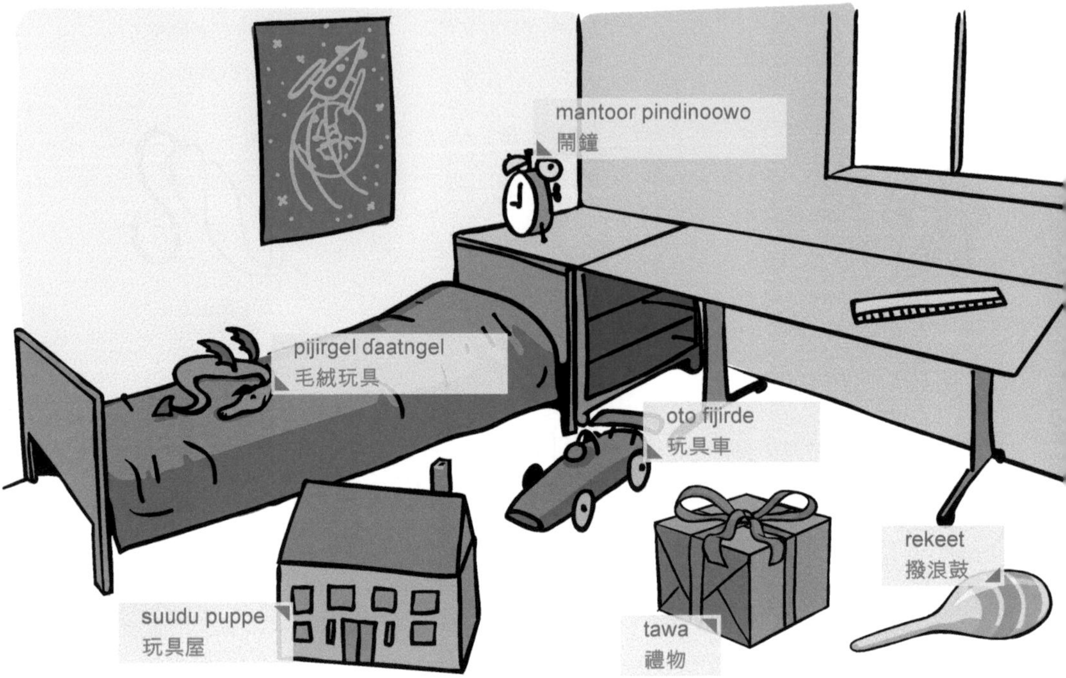

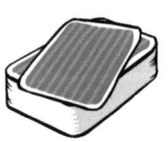

balooŋ

氣球

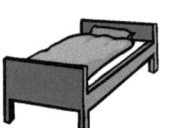

lelnde

床

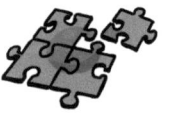

puus puus

嬰兒車

taabal karte

撲克牌

juwirgal

拼圖

SUPER
MEGA

jalnii

漫畫

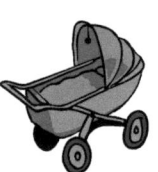

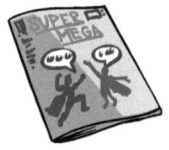

tuufeeje lego

樂高積木

kaaÿe maadi

積木玩具

pijirgel suka

公仔

wutte suka

嬰兒服

mbiifu

飛盤

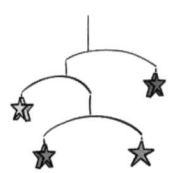

noddirgel

床鈴玩具

fijirde alluwal

棋盤遊戲

dee

骰子

tereŋ jahiroowo batiri

火車模型

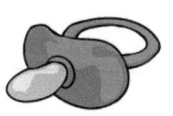

ɗaayɗo

安撫奶嘴

hiirde

派對

deftere natte

繪本

bal

球

puppe

洋娃娃

fij

玩

ngaska leydi

沙坑

yirlude

鞦韆

pijirɗe

玩具

fijirde widoo peley

電玩遊戲

biifi tati

三輪車

uluundu pijirgel

泰迪熊

woliis

衣櫃

boornogol

衣服

kawaseeje

襪子

baardinirɗi

長襪

dogirɗi

緊身褲

muurnorde
圍巾

paraseewal
雨傘

tiset
T恤

dadorde
皮帶

bataaje
靴子

pade joodorde
拖鞋

dogirde
運動鞋

caraax
涼鞋

pade
鞋

bataaje dalli
雨靴

cakkirdi
內褲

site ŋoos
胸罩

weste
背心

bandu

身體

tuuba

褲子

jiin

牛仔褲

sippu

短裙

buluus

女式襯衫

wuttel

襯衫

piliweer

套頭衫

njallaaba

連帽上衣

balaseer suka

西裝夾克

jakett

夾克

sabandoor

外套

wutte tobo

雨衣

kossim

套裝

robbo

連衣裙

wutte cuddungu

婚紗

cakkirɗo

西裝

robbo baalduɗo

睡袍

baaluɗi

睡衣

sari

莎麗

fiilorde

頭巾

kaala

包頭巾

misoor

波卡

haftan

卡夫坦

abaaye

(阿拉伯式)長袍

lumborɗo

泳衣

leɗɗe

男式泳褲

kilooti

短褲

dewirɗi

運動服

aparooŋ

圍裙

kawase

手套

nebbu

鈕扣

lone

眼鏡

jawo

手鏈

cakka

項鍊

feggere

戒指

hootonde

耳環

laafa

便帽

jaggirgal sabandoor

衣架

kufna

帽子

karwaat

領帶

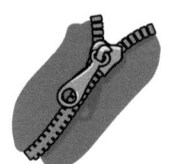

korsude

拉鍊

tengaade

安全帽

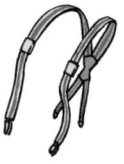

jawe

背帶

wutte jaŋirɗo

校服

dadorɗo

制服

nappu suka

圍兜

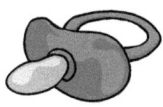

ɗaayɗo

安撫奶嘴

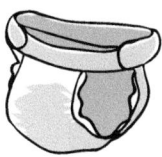

fooftini

尿布

gollorde
辦公室

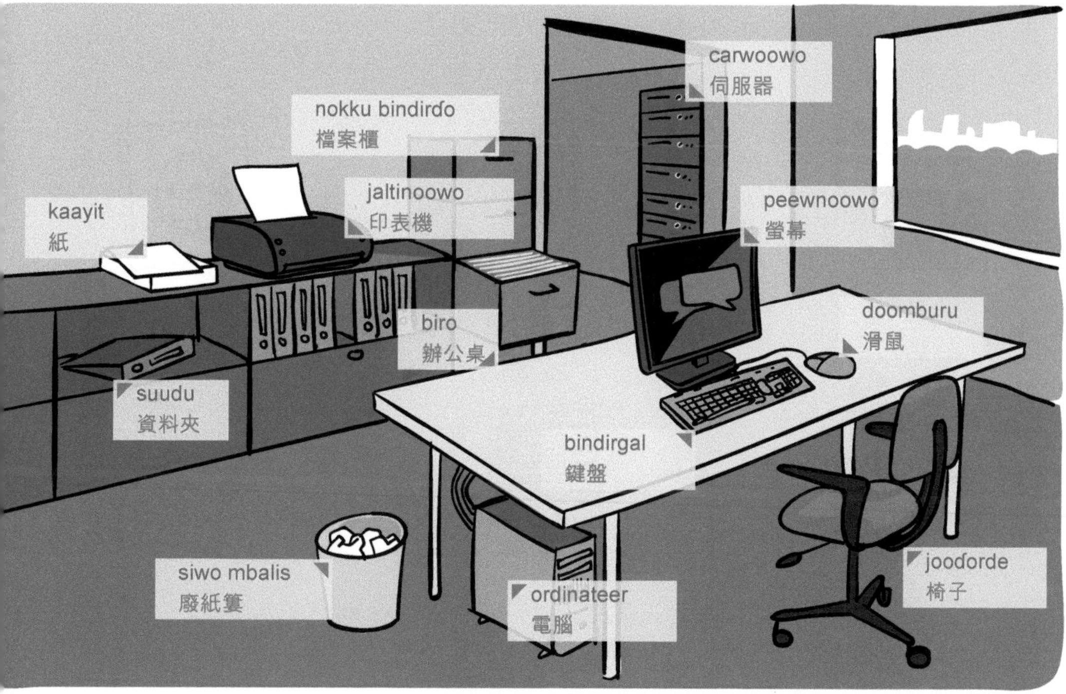

koppu kafe

咖啡杯

carwoowo
伺服器

nokku bindirɗo
檔案櫃

jaltinoowo
印表機

kaayit
紙

peewnoowo
螢幕

doomburu
滑鼠

biro
辦公桌

suudu
資料夾

bindirgal
鍵盤

siwo mbalis
廢紙簍

ordinateer
電腦

jooɗorde
椅子

tongirde

計算機

enternet

網際網路

ordinateer

筆記型電腦

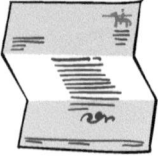

ɓataake kaayit

信件

ɓataake

簡訊

noddirgel

行動電話

jokkondiral

網路

nandinoowo

影印機

kuutorgel

軟體

noddirgel

電話

piriis

插座

masiŋ faksii

傳真機

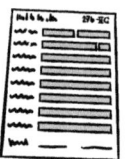

sifaa

表格

kaayit

檔案

sood

買

yoɓ

付錢

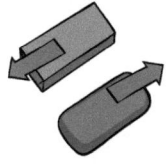

yeey

交易

kaalis

現金

dolaar

美元

oro

歐元

yeen

日元

ruubal

盧布

siiwis farayse

瑞士法郎

yuwaan renminbi

人民幣

ruppii

盧比

nokku ngalu

提款處

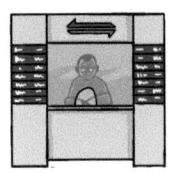

nokku beccirɗo

外幣兌換處

kaŋe

金

kaalis

銀

peteroŋ

石油

doole

能源

coggu

價格

jokkondiral

合約

lempo

稅金

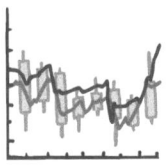

jeyii

股票

liggo

工作

liggotooɗo

職員

ligginoowo

老闆

isin

工廠

yeeyirde

商店

alkaati
警官

kaboowo jeyngol
消防員

defoowo
廚師

cafroowo
醫師

dognoo ndiwooka
飛行員

mooftoowo

園丁

meniise

木匠

gawoowo debbo

裁縫

ñaawoowo

法官

simiyanke

化學家

aktoor

演員

diirnoowo biis

公車司機

diirnoowo taksi

計程車司機

gawoowo

漁夫

debbo pittoowo

清洗女工

biloowo

屋頂工

carwoowo

服務生

baañoowo

獵人

diidoowo

畫家

piyoo mburu

麵包師

peewnoo jeyngol

電工

mahoowo

建築工人

eseñoor

工程師

buusee

屠夫

polombiyee

水管工

neɗɗo posto

郵差

soldaat

士兵

arsitekte

建築師

ngaluyanke

收銀員

leɗɗeyanke

花農

mooroowo

理髮師

diirnoowo

售票員

peenoowo jamɗe

機械技師

gardiiɗo

船長

safroowo ñiiÿe

牙醫

gando

科學家

babbiin

拉比

almaami

伊瑪目

muwaan

和尚

neɗɗo alla

牧師

kuutorɗe
工具

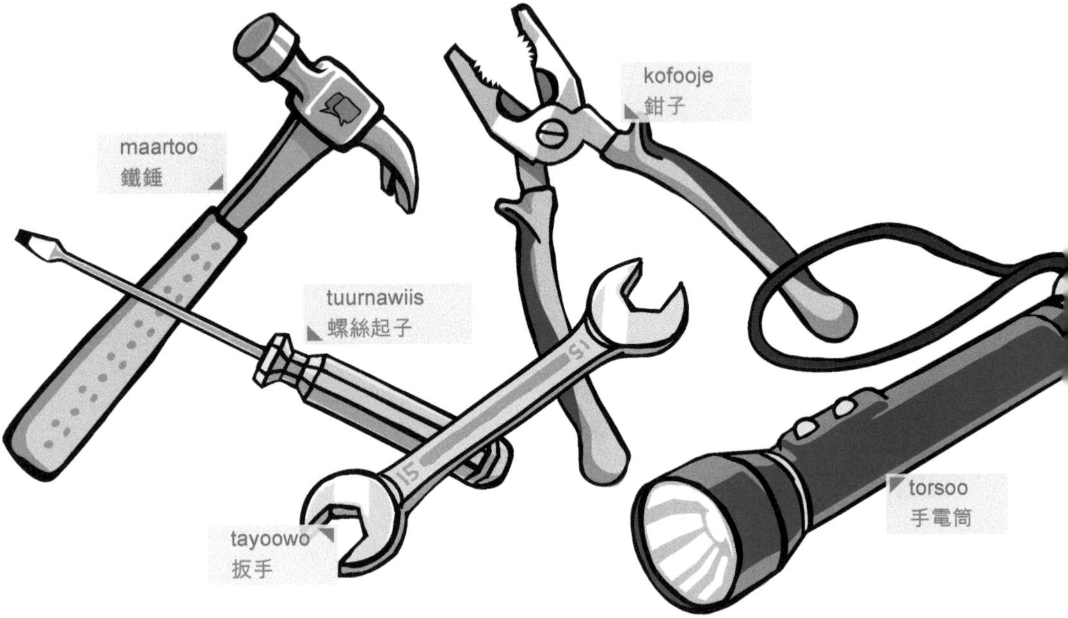

maartoo
鐵錘
kofooje
鉗子
tuurnawiis
螺絲起子
tayoowo
扳手
torsoo
手電筒

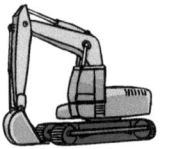

ngasirdi
挖掘機

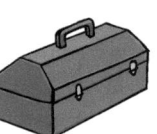

suudu kuutorɗe
工具箱

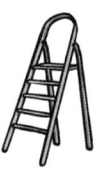

seel
梯子

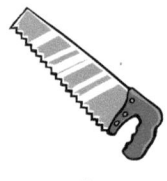

siiy
鋸子

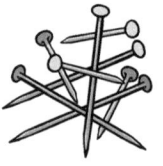

pontooje
釘子

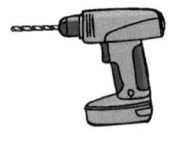

yuwirde
鑽機

feewnit

修

nokkirde

鏟子

sooot

糟糕！

peel

畚箕

pot diidirɗo

油漆桶

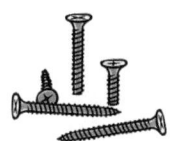

wiisuuji

螺絲

pijirɗe

樂器

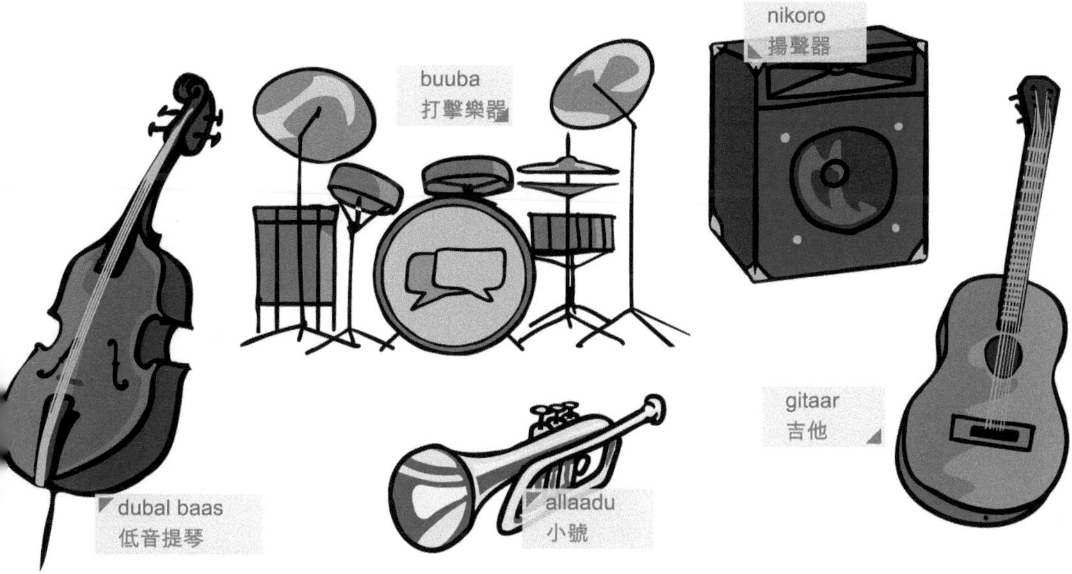

nikoro
揚聲器

buuba
打擊樂器

gitaar
吉他

dubal baas
低音提琴

allaadu
小號

piyaano

鋼琴

ñaañooru

小提琴

baas

貝斯

timpaan

定音鼓

bawɗi

鼓

bindirgal

電子琴

saksofooŋ

薩克斯風

coolumbel

長笛

haaldude

麥克風

nehirde kulle

動物園

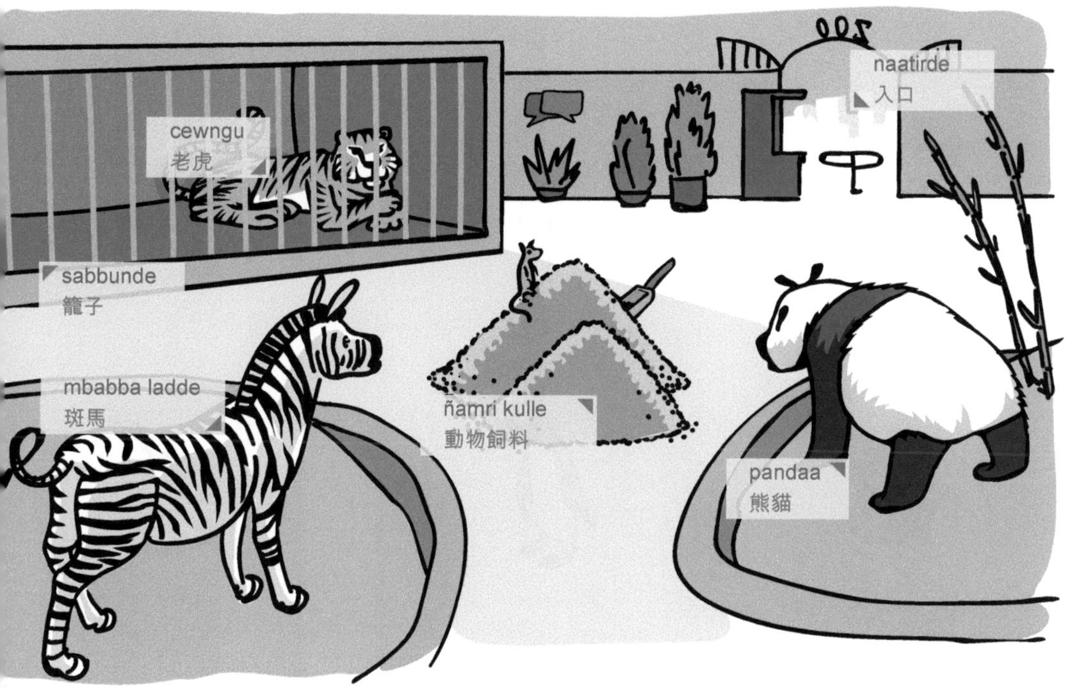

cewngu
老虎
naatirde
入口
sabbunde
籠子
mbabba ladde
斑馬
ñamri kulle
動物飼料
pandaa
熊貓

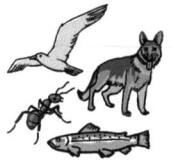

kulle

動物

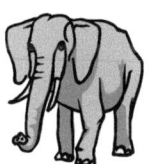

ñiiwa

大象

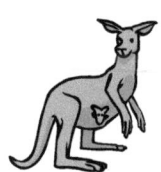

kanguruu

袋鼠

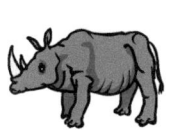

liwoongu

犀牛

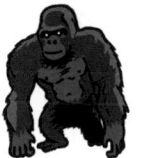

waandu

大猩猩

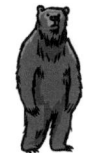

fowru

熊

ngelooba

駱駝

jaawagal

鴕鳥

mbaroodi

獅子

golo

猴子

ñaarpural

紅鶴

seku

鸚鵡

fowru nees

北極熊

peŋwee

企鵝

reke

鯊魚

ngoriyal

孔雀

mboddi

蛇

nooro

鱷魚

deenoowo kulle

動物園管理員

liingu

海豹

cewngu

美洲豹

molel puccu

矮種馬

cewlu

豹

ngabu

河馬

ñamala

長頸鹿

ciilal

老鷹

fowru

野豬

liingu

魚

heende

龜

morsee

海象

daga

狐狸

lella

羚羊

cofte balli
體育

fugu koyngel Amarik
橄欖球

welo
騎腳踏車

teniis
網球

basket
籃球

lumbaade
游泳

bokse
拳擊

okey e galaas
冰球

fugu koyngel

美式足球

badminton

羽毛球

dogduuji

田徑

fugu jungo

手球

eskiiy

滑雪

polo

馬球

jal
笑

diw
跳

uurno
擁抱

yah
走路

yim
唱

hoyđu
做夢

juul
祈禱

buuco
親吻

windu

書寫

diid

畫

hollu

展示

duň

推

rokku

給

naw

拿

jogo

有

waɗ

做

won

當

daro

站

dog

跑

ittu

拉

weddo

丟

yan

摔倒

fen

躺

fad

等待

naw

攜帶

jooɗo

坐

boorno

穿衣

ɗaano

睡覺

finn

醒來

ndaar

看

woy

哭

fiiy

擊

koomu

梳頭

haal

交談

faam

明白

naamdo

問

hetto

聽

yar

喝

ñaam

吃

habɓu

清理

yiɗ

愛

def

做飯

diirnu

開車

diw

飛

awyu

航行

lim

計算

jangu

讀

jangu

學習

liggo

工作

res

結婚

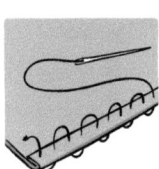

aaw

縫

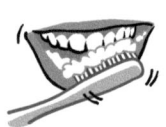

boris ñiiÿe

刷牙

war

殺

simmo

抽菸

neldu

寄

ɓesngu
家

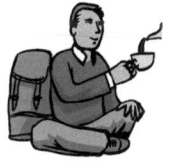

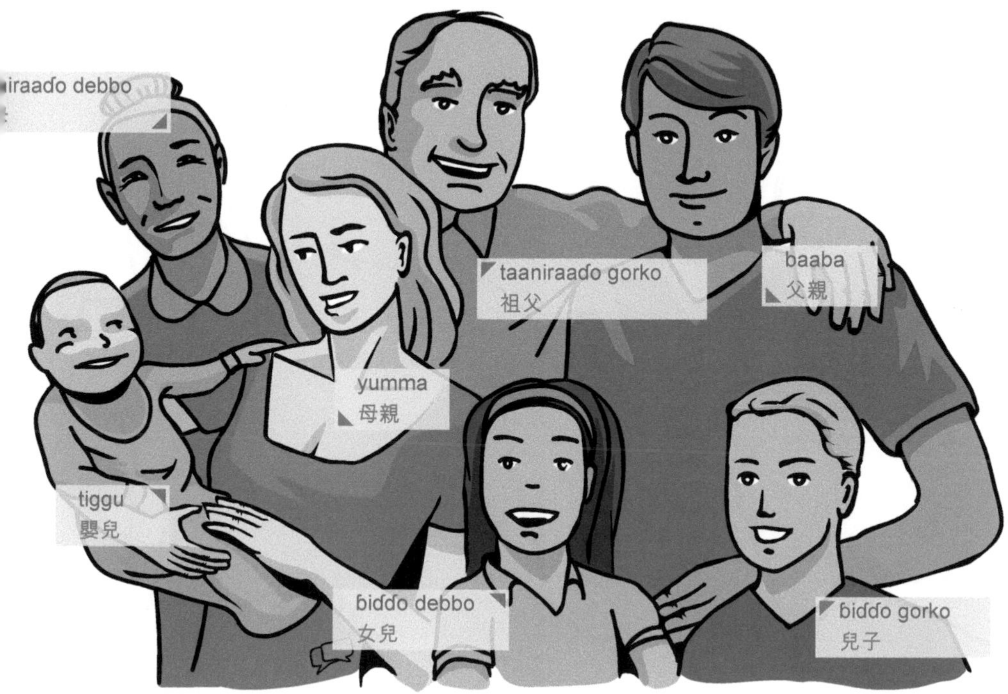

iraaɗo debbo
taaniraaɗo gorko
祖父
baaba
父親
yumma
母親
tiggu
嬰兒
ɓiɗɗo debbo
女兒
ɓiɗɗo gorko
兒子

koɗo

客人

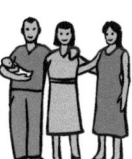

gogo

阿姨

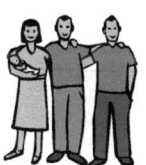

kaawiraaɗo

叔叔

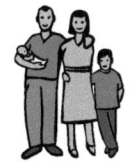

mawniraaɗo gorko

兄弟

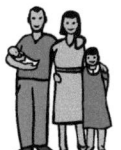

mawniraaɗo debbo

姐妹

bandu

身體

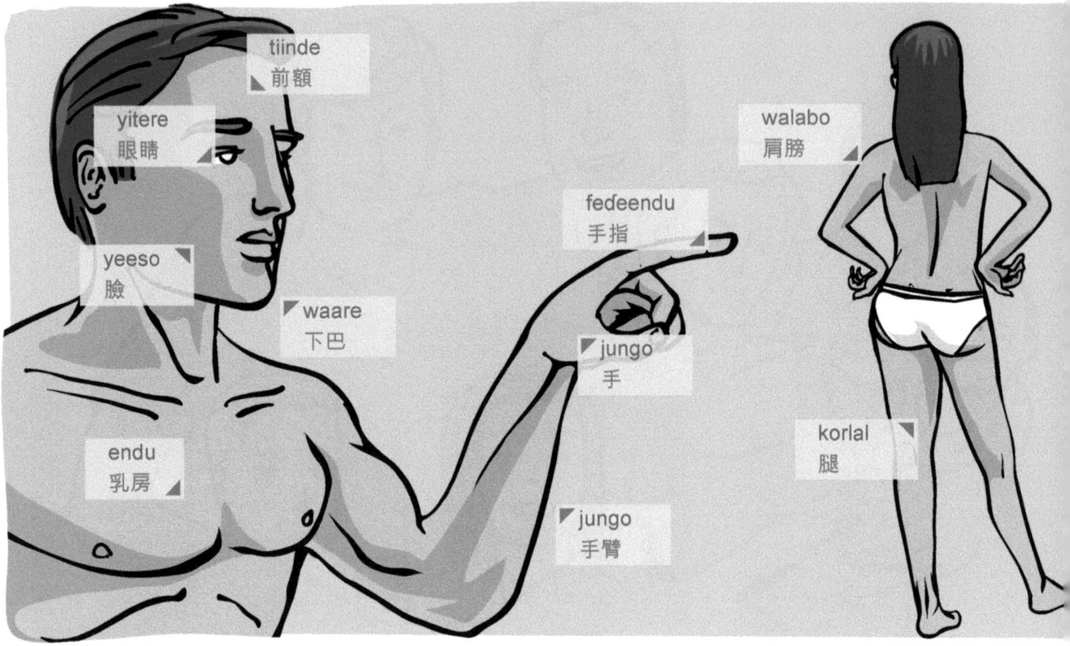

tiinde
前額

yitere
眼睛

yeeso
臉

waare
下巴

endu
乳房

feɗeendu
手指

jungo
手

jungo
手臂

walabo
肩膀

korlal
腿

tiggu

嬰兒

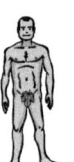

gorko

男人

debbo

女人

debbo

女孩

gorko

男孩

hoore

頭

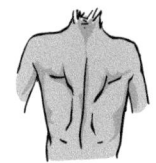

keeci

背部

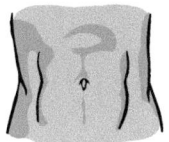

reedu

肚子

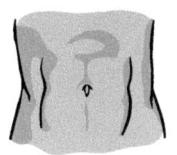

wudduru

肚臍

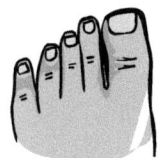

feɗeendu

腳趾

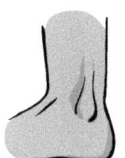

njaaɓordi

腳後跟

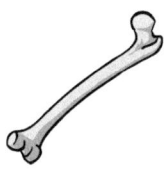

ÿiyal

骨頭

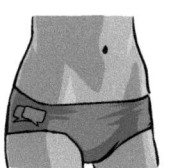

buhal

臀部

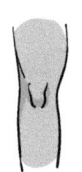

hofru

膝蓋

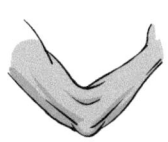

fooŋturu

手肘

hinere

鼻子

gaɗa

屁股

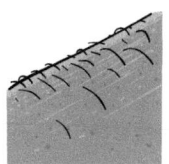

nguru

皮膚

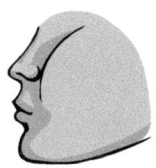

aɓɓuko

臉頰

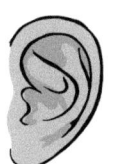

nofru

耳朵

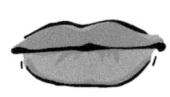

tondu

嘴唇

hunuko

嘴

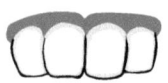

ñiire

牙齒

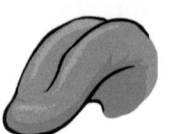

ɗemngal

舌頭

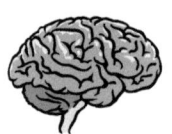

ngaandi

腦

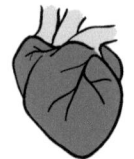

ɓernde

心臟

ÿiye

肌肉

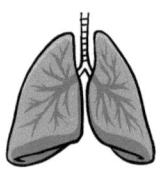

jofe

肺

heeñere

肝臟

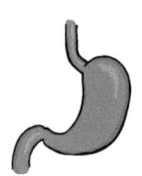

kuuse

胃

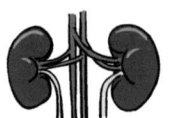

booÿe

腎臟

leldaade

性交

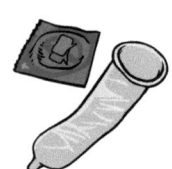

kawasal

保險套

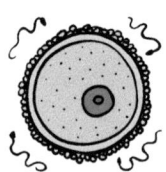

ɓoccoonde

卵子

maniiyu

精子

cowagol

懷孕

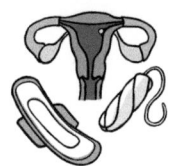

ella

月事

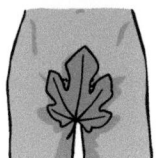

kottu

陰道

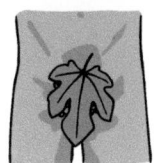

soolde

陰莖

leebol yitere

眉毛

sukundu

頭髮

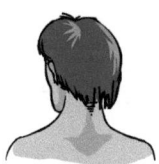

daande

脖子

safrirdu

醫院

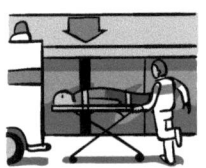

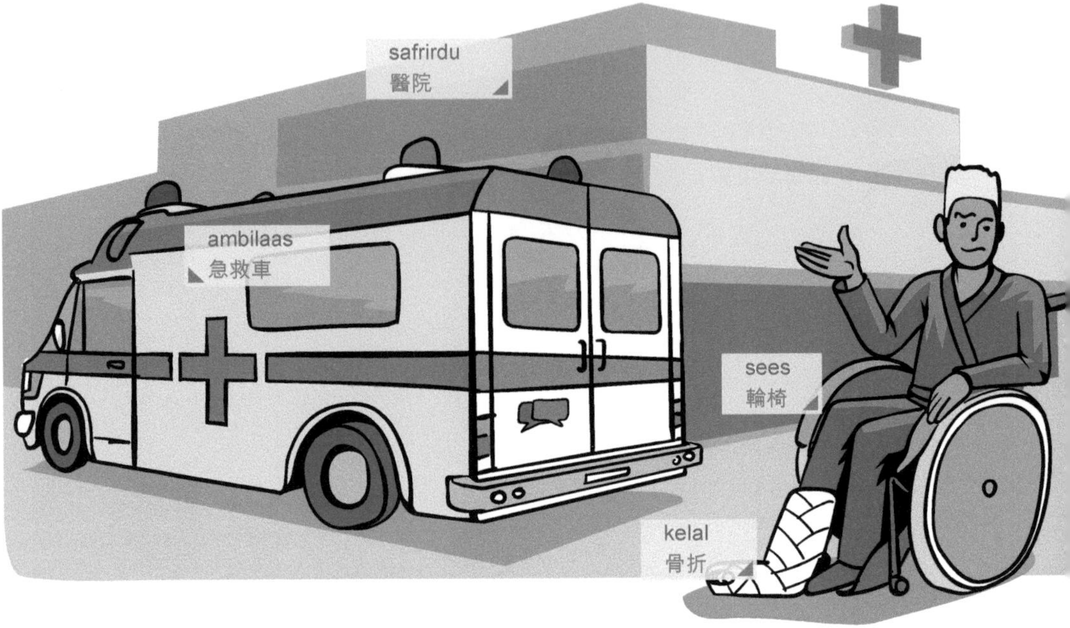

safrirdu
醫院
ambilaas
急救車
sees
輪椅
kelal
骨折

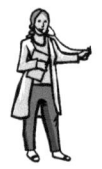

cafroowo

醫師

suudu heñaare

急診室

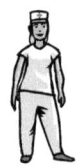

debbo cafroowo

護理師

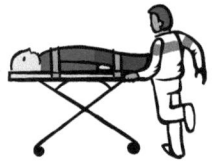

heñorde

緊急情形

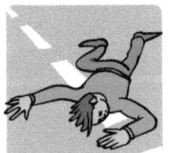

wondaane hakkile

昏迷

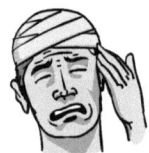

muuseeki

痛

gaañande

受傷

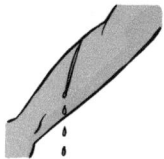

tuɗɗe ŷiiŷam

出血

muuseeki ɓernde

心臟病發作

piigol

中風

nefo

過敏

ɗojjude

咳嗽

ɓandu wulooru

發燒

pali

流感

ndogu reedu

腹瀉

hoore muusoore

頭痛

kaaseer

癌症

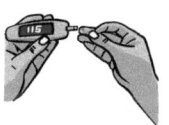

jabett

糖尿病

oppiroowo

外科醫師

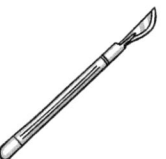

jaggirdi

手術刀

oppeere

手術

CT

電腦斷層掃描

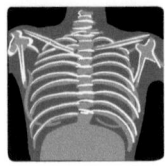

buuɗi x

X光

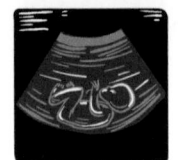

iltarasooŋ

超音波

huurirdu yeeso

口罩

rafi

疾病

heblorde

候診室

beeke

拐杖

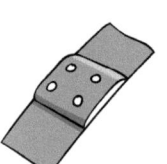

tabak

石膏

bandaas

繃帶

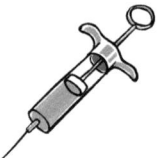

pinggu

注射

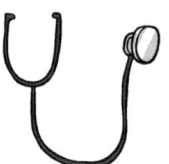

estetoskop

聽診器

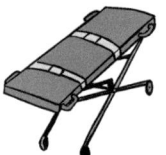

pooɗoowo

擔架

termomeeter safrirdu

體溫計

jibinande

出生

ɓuttiɗgol

超重

ballal nanirɗe

助聽器

labɓinoowo

消毒液

raaɓo

感染

wiriis

病毒

SIDAA

愛滋病

lekki

藥物

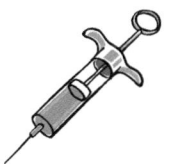

ñakko

接種疫苗

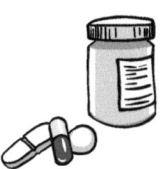

poɗɗe

藥片

foɗɗere

藥丸

noddaango heñiingo

急救電話

ÿeewtorde yaadu ÿiiyam

血壓計

faawŋi / selli

生病/健康

Ballal
救命！

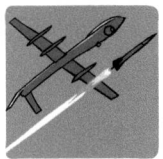

pindinoowo
警報

njangu
突擊

raaŋande
攻擊

boomre
危險

yaltirde yaawnde
緊急出口

Jeyngol
失火了！

ñifoowo jeyngol
滅火器

aksida
意外

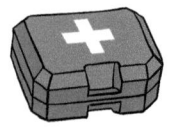

saawdu safaara gadano
急救箱

SOS
呼救訊號

poliis
員警

Orop

歐洲

Amarik Rewo

北美洲

Amarik Worgo

南美洲

Afirik

非洲

Aasi

亞洲

Ostaraali

澳洲

Atalantik

大西洋

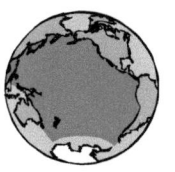

Pasifik

太平洋

Maayo Endo

印度洋

Maayo Antarkatik

南冰洋

Maayo Arkatik

北冰洋

Baŋe Rewo

北極

Baŋe Worgo

南極

Antarkatik

南極洲

Leydi

地球

leydi

陸地

maayo

海

siire

島

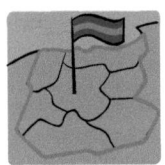

wuro

國家

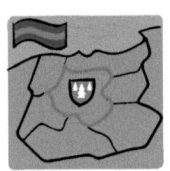

laamu

州

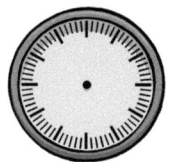

yeeso waktu

錶盤

jungo waktu

時針

jungo hojoma

分針

jungo majaango

秒針

hol waktu?

現在幾點？

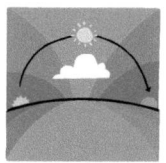

ñalawma

天

saha

時間

jooni

現在

mantoor nattoowo

電子錶

hojoma

分

waktu

時

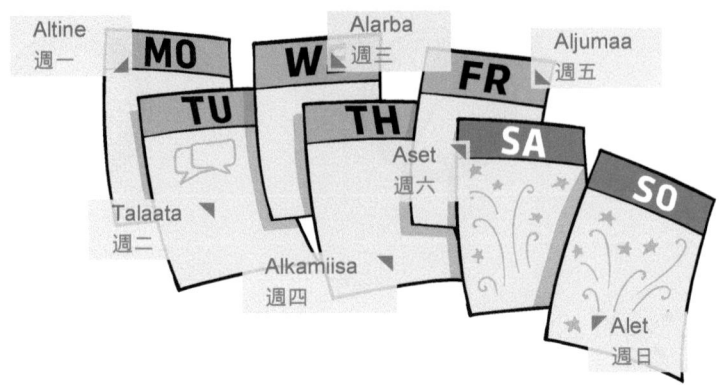

Altine 週一 MO
Alarba 週三 W
Aljumaa 週五 FR
TU
TH
Aset 週六 SA
Talaata 週二
Alkamiisa 週四
SO
Alet 週日

hanki
昨天

hande
今天

jango
明天

subaka
早晨

ñalawma
中午

kikiiɗe
晚上

biir
工作日

ñalɗi
週末

tobo
雨

timtimol
彩虹

hendu
風

nees
雪

demminaare
春

ceeɗu
夏

ndunngu
秋

dabbunde
冬

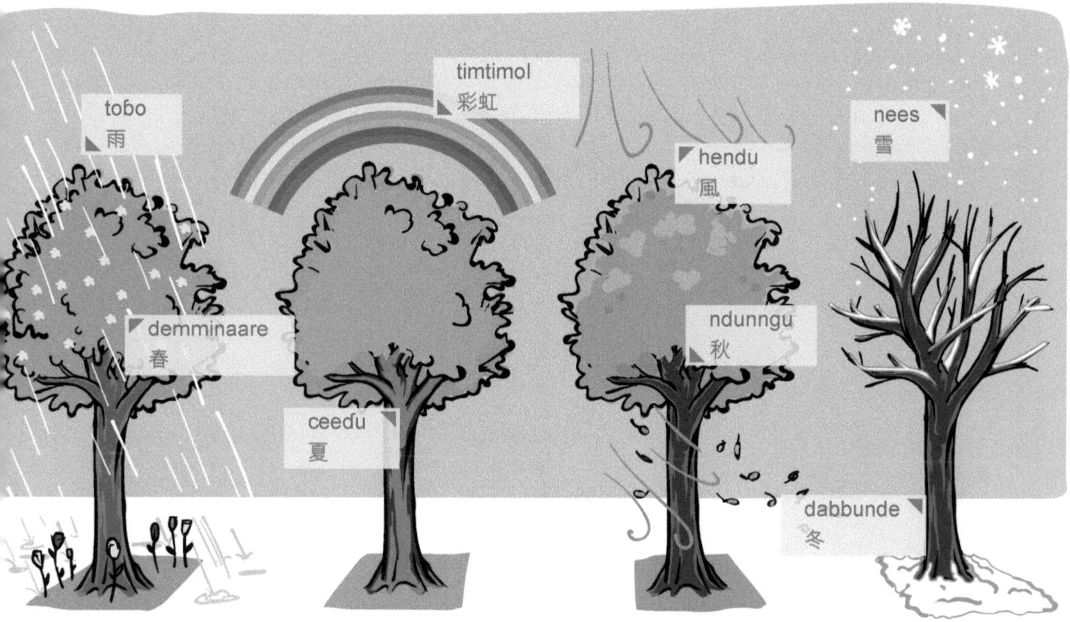

kabaaru weeyo

天氣預告

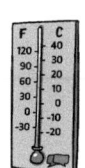

termomeeter

溫度計

naaŋini

陽光

ruulde

雲

cuurki

霧

uddeende

潮濕

majje

閃電

gidaango

打雷

hendu

風暴

huɗɗni

冰雹

ruulɗini

季風

waame

洪水

nees

冰

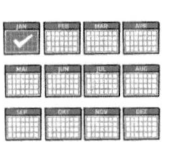

Siilo

一月

Colte

二月

Mbooy

三月

Seeɗto

四月

Duuyal

五月

Korse

六月

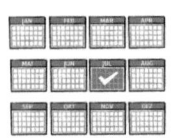

Morse

七月

Juko

八月

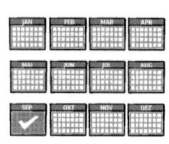

Siilto

九月

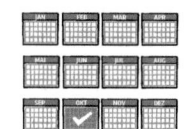

Yarkoma

十月

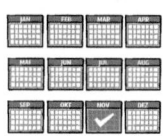

Jolal

十一月

Bowte

十二月

balli

形狀

taarto

圓形

yaajeendi

正方形

yaajo

長方形

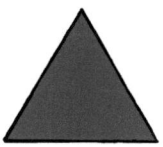

saraandi

三角形

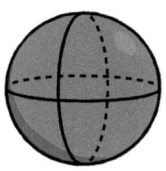

mbiifu

球體

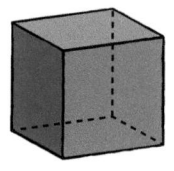

kiibb

立方體

daneejo

白

oolo

黃

oraas

橙

roos

粉

boɗeejo

紅

mboongu

紫

bulaajo

藍

werte

綠

cooyo

棕

puro

灰

ɓaleejo

黑

heewi / seeɗa

很多/少許

seki / deeyi

生氣/平靜

yooɗi / soofi

美/醜

fuuɗorde / gasirde

首/尾

mawɗo / tokooso

大/小

leeri / niɓɓiɗi

明/暗

maniraaɗo / miñiraaɗo

兄弟/姐妹

laaɓi / tunwi

乾淨/骯髒

timmi / manki

完整/缺失

ñalawma / jamma

白天/晚上

maayi / wuuri

死/生

yaaji / faaɗi

寬/窄

nano / nanotaako

可食用/非食用

boni / moÿÿi

邪惡/善良

softi / yoomi

興奮/無聊

ɓuttiɗi / sewi

胖/瘦

adi / wattindi

第一/最後

sehil / gaño

朋友/敵人

heewi / ɓolɗi

滿/空

muusi / weeɓi

硬/軟

teddi / hoyi

重/輕

heege / ɗomka

餓/渴

faawŋi / selli

生病/健康

wona laawol / laawol

非法/合法

feerti / muddiɗi

聰明/愚笨

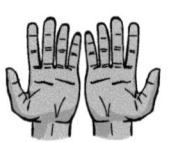

nano / ñaamo

左/右

ɓatti / woɗɗi

近/遠

keso / kiiɗɗo

新/舊

ndiga / huunde

沒有/有些

nayeejo / suka

老/幼

huɓɓi / ñifii

開/關

uditi / uddii

打開/闔上

deeÿi / dille

安靜/吵鬧

alɗi / waasi

富/窮

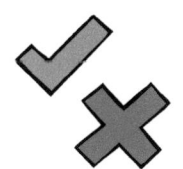

goonga / fenaande

對/錯

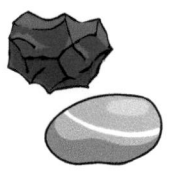

tiiɗi / nooyi

粗糙/光滑

metti / weli

傷心/高興

raɓɓiɗi / juuti

短/長

leeli / yaawi

慢/快

leppi / yoori

濕/乾

wuli / ɓuuɓi

溫暖/涼爽

hare / jam

戰爭/和平

pinɗe
數字

0

ndiga

零

1

gooto

一

2

ɗiɗi

二

3

tati

三

4

nay

四

5

joy

五

6

jeegom

六

7

jeeɗiɗi

七

8

jeetati

八

9

jeenay

九

10

sappo

十

11

sappoy goo

十一

12
sappoy ɗiɗi
十二

13
sappoy tati
十三

14
sappoy nay
十四

15
sappoy joy
十五

16
sappoy jeegom
十六

17
sappoy jeeɗiɗi
十七

18
sappoy jeetati
十八

19
sappoy jeenay
十九

20
noogaas
二十

100
teemedere
百

1.000
ujunere
千

1.000.000
miliyooŋ
百萬

Aŋale

英語

Aŋale Amarik

美式英語

Mandare Siinaaɓe

普通話

Hindi

印地語

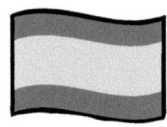

Españool

西班牙語

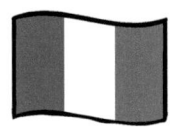

Farayse

法語

Arab

阿拉伯語

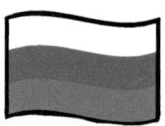

Riis

俄語

Portigees

葡萄牙語

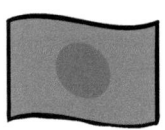

Bengali

孟加拉語

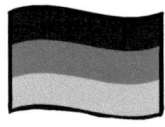

Almaa

德語

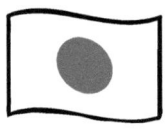

Sapponee

日語

miin

我

an

你

kanko / kanko / kanum

他/她/它

minen

我們

onon

你們

kamɓe

他們

holoon?

誰？

holɗuum?

什麼？

holnoon?

如何？

holtoon?

何處？

mande?

何時？

inde

名字

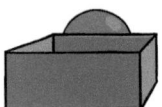

caggal

後面

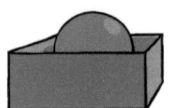

nder

裡面

sawndo

前面

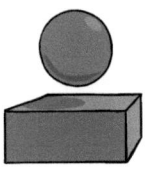

dow

上方

e

上面

les

下麵

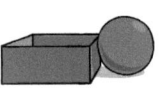

sara

旁邊

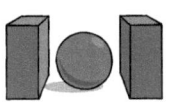

hakkunde

中間

nokku

地點